L'ANALYSE TRANSACTIONNELLE

Un précieux outil de développement personnel

Par Coralie Closon

50MINUTES.fr

L'ANALYSE TRANSACTIONNELLE

- **Problématique ?** Comment l'analyse transactionnelle peut-elle améliorer nos relations au quotidien ?
- **Objectif ?** Mieux comprendre nos comportements et les relations que nous avons avec autrui.
- **FAQ ?**
  - Quelle est la particularité de l'AT par rapport aux autres analyses ?
  - À qui s'adresse cette thérapie ou auto-thérapie ?
  - Quels sont les champs d'application de l'AT ?
  - Comment se former à l'AT ?
  - Être autonome signifie-t-il être constamment dans l'Adulte ?
  - Concrètement, en quoi l'autonomie peut-elle nous aider au quotidien ?
  - Qu'est-ce qu'une méconnaissance ?
  - Comment fonctionne un jeu psychologique ?
  - Peut-on échapper totalement à son scénario de vie ?

À l'heure actuelle, une grande partie d'entre nous a le sentiment d'être dans un tourbillon au quotidien. Nos vies professionnelle et personnelle sont de plus en plus riches et difficiles à accorder. On court sans cesse après le temps, et la performance est devenue une exigence de réussite. Ces circonstances peuvent vite mener à un quotidien où les relations conflictuelles sont nombreuses et produisent un certain mal-être. On vit notre vie jusqu'au jour où un événement nous fait ouvrir les yeux sur les automatismes que nous avons mis en place et le temps que nous avons perdu dans des voies qui n'étaient parfois pas adéquates à notre poursuite du bonheur.

L'analyse transactionnelle, aussi appelée AT, va nous permettre d'agir au niveau relationnel au sens large : la relation à soi et aux autres. Aujourd'hui, le manque de temps est souvent la source d'un manque d'écoute de soi et de l'autre. On ne cherche plus à savoir les raisons pour lesquelles un malaise s'est installé, on « zappe » et on s'enfonce dans un individualisme qui peut devenir morose et avoir des conséquences néfastes sur notre bien-être au quotidien. Comprendre comment on fonctionne avec soi-même et avec son entourage est le point de départ pour une nouvelle vie bien plus sereine.

Au travers de ces pages, nous évoquerons tous les termes clés de l'AT afin que vous puissiez vous faire votre propre image de cet outil et vous en servir à votre tour pour mettre en place des changements bénéfiques dans votre vie.

LES OUTILS DE L'ANALYSE TRANSACTIONNELLE

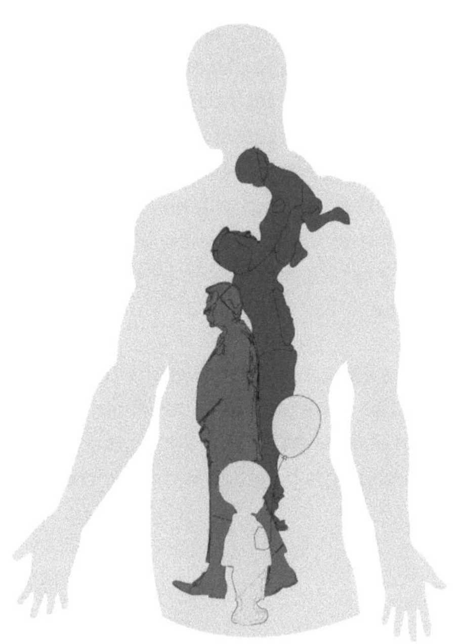

L'analyse transactionnelle a été créée par Eric Berne (psychiatre américain, 1910-1970) dans les années cinquante. Elle insiste sur notre responsabilité dans la mise en place de notre histoire et sur notre responsabilité pour en changer le cours. Le psychiatre insiste donc sur le fait que nous devons être aux commandes de notre vie, en pleine conscience, pour bien la vivre.

La théorie de l'analyse transactionnelle est construite comme une théorie scientifique. Elle permet d'analyser ce qui se passe en nous lors de nos rapports avec les autres et est également utile pour comprendre la manière dont nous réagissons par rapport aux événements de notre vie. C'est une des théories les plus appréciées grâce à son accessibilité et sa pertinence.

THÉORIE DE LA PERSONNALITÉ : LES ÉTATS DU MOI

L'analyse structurale : contenu

L'AT propose une structure psychologique de l'homme reposant sur un modèle en trois parties : le diagramme des états du moi. Eric Berne le définit comme un ensemble cohérent de pensées et de sentiments, directement associé à un ensemble correspondant de comportements. Ce modèle représente notre manière d'exprimer notre personnalité, décrite comme trois états intérieurs qui interviennent à un moment donné, face à une situation précise. Il les a intellectualisés pour nous permettre de mieux les décoder. Il faut donc les voir comme un outil d'analyse comportementale qui représente ce qui se passe en nous à un moment précis.

Les trois états du moi

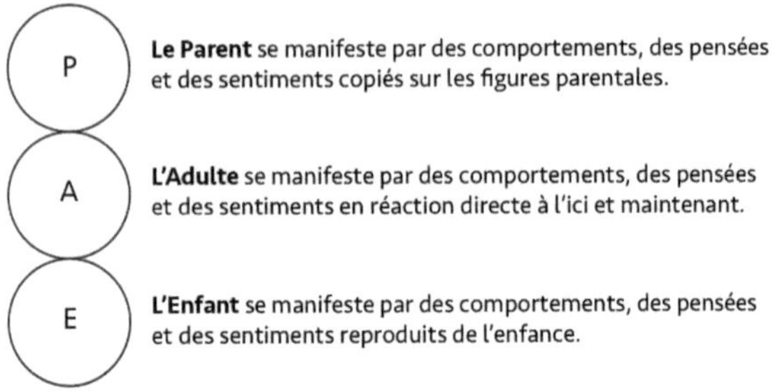

Le travail de l'AT consiste à donner les rênes à l'Adulte qui pourra laisser le Parent et l'Enfant s'exprimer quand le moment sera opportun. Ces trois états, tous nécessaires à notre équilibre, représentent également des manières différentes d'aborder la réalité. Le Parent y reproduit des modèles, l'Enfant reproduit des vécus, tandis que l'Adulte prend la réalité telle quelle est en tenant compte de ce que l'on est à l'instant présent.

Ainsi, lorsque l'un de vos collègues vous explique constamment comment faire les choses alors que vous travaillez dans l'entreprise depuis quelques mois déjà, c'est l'état Parent qui domine chez lui. Si vous êtes en voiture et que, voyant un camion arriver vers vous à toute allure, vous freinez, c'est l'Adulte qui agit. Par contre, lorsque votre patron vous fait une remarque ordinaire sur l'ordre de votre bureau, que vous vous sentez pris en faute et que vous râlez, c'est l'Enfant qui s'exprime.

Pour être équilibré, nous avons donc tous besoin de ces trois états. L'Adulte nous sert pour réagir de manière adéquate à une situation immédiate ; l'Enfant nous donne notre grain de folie, notre spontanéité ; le Parent nous dicte les règles de vie en société. Chaque état nous fournit plusieurs ressources dont en voici quelques-unes :

- le Parent apporte les valeurs, les croyances, les règles et les opinions ;

- l'Adulte apporte la logique, l'information et l'analyse objective ;
- l'Enfant apporte les émotions, l'intuition et la curiosité.

L'analyse fonctionnelle : processus

À côté du diagramme structural des états du moi, il existe un diagramme fonctionnel qui divise les états du moi pour montrer la manière dont on les utilise. Il s'intéresse donc au processus.

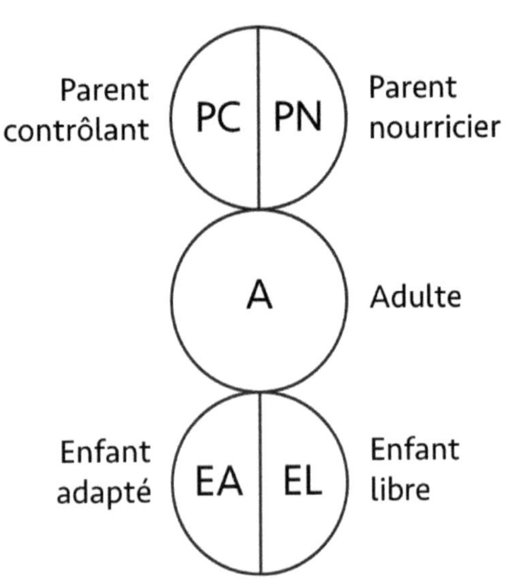

On remarque que :

- **le Parent** est divisé en deux. Il existe :
  - **le Parent normatif** qui juge, guide et établit les règles. Il peut être persécuteur et critique ou, à l'inverse, structurant et protecteur ;
  - **le Parent nourricier** qui prend soin et répond aux besoins. Il peut être permissif et encourageant ou, à l'inverse, surprotecteur et sauveur dans le mauvais sens du terme ;
- **l'Adulte** est toujours « neutre ». Il observe quel état du moi est pertinent pour un type de situation. Il investigue, raisonne, émet des hypothèses, informe, négocie, décide, etc. ;
- **l'Enfant** est également divisé, on retrouve :
  - **l'Enfant libre** qui est spontané. Il dégage une grande énergie vitale, a des réactions variées et il émet des demandes directes. Il peut en revanche se montrer égoïste ;
  - **l'Enfant adapté** qui peut être soit rebelle (opposition légitime) soit soumis (dans un moule, il a des réactions stéréotypées et apprises).

Ces différentes utilisations des états du moi font partie de nous. Cela signifie donc qu'à certains moments nous pouvons agir en Parent nourricier, tandis qu'à d'autres nous nous placerons davantage du côté Parent normatif. Il faut savoir prendre du recul pour mieux s'observer avec objectivité et ainsi pouvoir s'auto-analyser avec justesse.

Les différents types de transactions

Nous l'avons compris, ces états du moi influencent nos relations. Les transactions entre deux personnes (échange d'un message et réponse à celui-ci) sont simples lorsque celles-ci sont toutes deux dans l'Adulte, mais cela n'est pas toujours le cas dans la vie quotidienne. Voici les trois types de transactions qui nous permettront de mieux comprendre la manière dont nous communiquons :

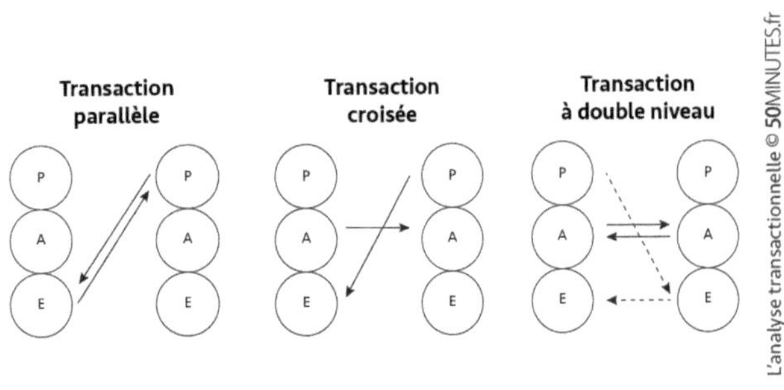

- **Les transactions peuvent être complémentaires ou parallèles** quand la réponse est appropriée. Elle n'implique que deux états du moi, un par personne. Exemple : vous prenez l'attitude de l'Enfant face à votre partenaire, et ce dernier vous répond en Parent. La communication fonctionne ;
- **Les transactions peuvent être croisées**. Exemple : votre partenaire vous parle en Adulte et vous réagissez en Enfant. La communication est rompue car la réaction est inadaptée.
- **Les transactions peuvent se faire à double niveau** et

se jouer au niveau psychologique. En plus de délivrer un message verbal, on transmet un message non verbal qui est caché. Exemple : votre ami vous demande l'heure qu'il est, alors que vous aviez rendez-vous il y a un quart d'heure. Vous le prenez comme un reproche et vous répondez verbalement en Adulte, mais intérieurement vous vous sentez mal, vos gestes et le ton de votre voix répondent en Enfant.

LES BESOINS FONDAMENTAUX

Nous avons tous en nous des besoins qui définissent ce que nous sommes. Il y a les besoins essentiels à la survie de notre corps (manger, respirer, dormir, etc.) et ceux qui sont de l'ordre de nos pensées, tout aussi essentiels pour le corps, mais également pour l'esprit. Les connaître pour mieux les satisfaire est donc fondamental pour garder une bonne santé mentale et physique. Ces besoins, Eric Berne les nomme « les soifs ». Il en a identifié trois qui sont capitales pour les êtres humains :

- **la soif de stimulation**. Depuis l'enfance, nous avons besoin d'être stimulé pour nous ouvrir au monde. Utiliser nos cinq sens est primordial pour entretenir une relation avec notre environnement et pour les garder intacts ;
- **la soif de reconnaissance**. Sans reconnaissance, il est difficile de se définir et de se développer de manière posi-tive. Cette soif est variable selon chaque individu ;
- **la soif de structure**. Selon Berne, nous avons tous besoin de nous positionner dans le temps et dans l'espace, d'occuper notre temps durant toute une vie et d'avoir des

règles définies. Cette soif répond au besoin d'avoir des limites et une structure connue qui rassurent.

LA STRUCTURATION DU TEMPS, UNE FAÇON D'ÊTRE EN RELATION AVEC L'AUTRE

Comme nous venons de le voir, la structuration du temps répond à un besoin de structure. Lorsque l'on est en relation, on utilise notre temps de six manières différentes. Ci-dessous, nous les retrouvons par ordre croissant en termes d'intensité de signes de reconnaissance échangés. Il n'existe pas une manière de communiquer qui soit mieux qu'une autre ; une relation évolue entre les modes qui ont tous leur utilité. Plus l'intensité augmente, plus les signes de reconnaissance échangés sont nourrissants.

- **Le retrait** : on est avec les autres, mais on ne communique pas. On reste dans sa bulle. Les signaux que l'on dégage sont ceux de quelqu'un qui ne veut pas entrer en contact.
- **Le rituel** : on communique selon les rites stéréotypés, la pure politesse, le socialement admis. C'est la manière la plus sécurisante d'entrer en contact avec l'autre. Cette communication représente nos habitudes culturelles.
- **Le passe-temps** : on papote pour faire passer le temps. Les sujets sont variés : la pluie et le beau temps, le sport, les nouvelles... La conversation est balisée ; on ne s'implique pas trop dans la relation.
- **L'activité** : l'échange s'établit autour d'un projet commun durant lequel tous les gestes et les mots sont dédiés à celui-ci.

- **Les stratagèmes ou jeux psychologiques** : Berne les définit comme une série de transactions cachées, complémentaires, progressant vers un résultat bien défini, prévisible. On ne communique pas sur ce qui est dit, mais sur ce qui est exprimé et qui ne s'entend pas. Les stratagèmes ou jeux psychologiques sont souvent inconscients, intenses et répétitifs.
- **L'intimité** : la relation se base sur la confiance. C'est une communication authentique et spontanée au cours de laquelle on évoque notre ressenti. Les moments d'intimité sont brefs et peu fréquents. C'est le mode de communication le plus risqué, car nous sommes vulnérables au cours de ces échanges.

MISE EN APPLICATION

Aujourd'hui, je vais me rendre au bureau en tram, où je serai seule (retrait). Ensuite je prendrai un café avec mes collègues (rituel) et on parlera probablement de tout et de rien (passe-temps). Ce soir, je retrouve mes amis pour organiser notre prochaine randonnée (activité). Ensuite, je reste seule avec une connaissance avec qui j'ai des rapports étranges, je me sens mal à l'aise en sa compagnie sans bien comprendre pourquoi elle arrive toujours à me mettre dans cet état-là (jeux). Je rentre chez moi la boule au ventre et je m'écroule en expliquant mon ressenti à mon mari (intimité).

Maintenant, observez-vous. Vous pouvez faire l'analyse de votre structuration du temps dans chacun des pans de votre vie : professionnelle, familiale, amicale, etc.

LE SCÉNARIO DE VIE

Une voie toute tracée ?

L'analyse transactionnelle part du principe que chacun d'entre nous a conçu sa propre histoire depuis l'enfance. La plus grande partie de celle-ci serait déjà écrite à l'âge de 7 ans, puis révisée pendant l'adolescence. Le scénario construit est celui qui, selon l'enfant, représente la meilleure option pour survivre dans le monde dans lequel il évolue. En tant qu'adulte, nous ne sommes plus conscient de ce cheminement, nous vivons notre scénario de manière totalement inconsciente.

Ce récit « préécrit » de notre vie s'appelle le scénario de vie et fait partie, au même titre que les états du moi, d'un des piliers de l'AT. Il est la source de tout ce qui nous freine à l'âge adulte. Nos soucis et nos blocages proviennent en effet souvent du fait que, pour rester cohérent avec ce scénario de vie, nous répétons des comportements induits par le passé qui ne sont plus appropriés dans l'environnement dans lequel nous évoluons aujourd'hui. Analyser ce scénario de vie permet donc de comprendre nos croyances limitantes, nos freins et leur provenance. Et on ne le répétera jamais assez : la prise de conscience est le début de tout changement !

Berne décrit notre scénario de vie comme un plan de vie inconscient. Il ajoute ensuite à sa définition que ce plan de vie est élaboré dans l'enfance, est renforcé par les parents et justifié par les événements ultérieurs.

Plus qu'une vision du monde, le plan de vie implique qu'il soit construit comme une pièce de théâtre avec son début, son milieu et sa fin. Il a un thème principal et des intrigues secondaires. Vous avez choisi un style : la comédie, le drame ou l'aventure, et vous avez vos héros et héroïnes, vos complices, vos seconds rôles, etc. Tout cela est clairement défini à l'avance. Aujourd'hui, vous ne vous souvenez certainement pas de comment votre histoire a commencé ni pourquoi elle a pris cette tournure. Toute la genèse de ce scénario est inconsciente ; pourtant c'est « vous » qui l'avez écrit et qui êtes en train de le vivre.

Le scénario de vie est tellement puissant que nous faisons tout pour le confirmer et nier ce qui l'infirme. On ne veut pas voir ce qui pourrait le mettre en danger ; c'est justement là que se trouvent nos freins et le nœud d'un éventuel problème. Le risque de ces œillères est donc de rester inconscient face à toutes ces décisions prises enfant, alors que notre environnement change perpétuellement. Nous ne voyons dès lors pas toutes les possibilités de changement qui se présentent à nous, et nous pouvons rester bloqué dans un monde réduit à une vision stricte et biaisée de la réalité.

C'est pour cela qu'il est intéressant de prendre le temps de s'arrêter, de s'auto-questionner et de travailler sur notre scénario de vie. Cela nous permettra de reprendre les rênes de notre existence et d'élargir notre champ d'action.

Comme pour les états du moi, notre scénario de vie comprend à la fois un contenu (notre histoire) et un processus (la manière dont on agit sur notre histoire).

Il existe trois catégories de scénario. Il faut bien évidemment toujours prendre la théorie avec recul. Rien n'est figé. Elle sert juste de repère pour s'auto-analyser et n'est en aucun cas une vérité absolue. Ce qui est vrai pour une personne ne le sera pas nécessairement pour vous.

- **Le scénario de vie gagnant** : dans celui-ci, la personne accomplit le but qu'il s'est fixé, et ce de manière heureuse. Ce type de scénario est lié aux personnes qui adorent leur vie ; même s'ils ont des problèmes, ils trouvent toujours des solutions ; ils ont beaucoup de ressources.
- **Le scénario de vie perdant** : au contraire du précédent, dans celui-ci l'intéressé ne mène pas à bien les projets qu'ils s'étaient fixés. Ce scénario est souvent porté par des personnes qui ont une image négative de la vie, d'eux-mêmes et de l'environnement. Ils sont souvent dans l'auto-sabotage.
- **Le scénario de vie non gagnant** : dans ce scénario, la personne a une vie normale, banale, plutôt heureuse avec peu ou pas d'excitation. Il ne prend pas trop de risques, aime la sécurité et fait son petit bonhomme de chemin assez tranquillement sans aucune remise en question.

Chaque scénario de vie est un mélange de ces trois catégories. Dans certains domaines, nous sommes plutôt gagnant tandis que dans d'autres, nous sommes perdant. L'important est de réaliser qu'il n'y a pas de fatalité. Si vous prenez conscience de votre scénario de vie, vous pouvez découvrir les domaines dans lesquels vous avez pris des décisions de perdant (c'est-à-dire dans lesquels vous avez adopté des comportements négatifs) pour ensuite tenter de les modifier. Deux solutions s'offrent alors à vous : soit suivre votre scénario de vie sans le remettre en question et continuer à répéter des comportements qui vous mèneront à la fin écrite de votre scénario ; soit décider de bâtir une nouvelle vie.

Cette classification des scénarios de vie a donc pour seul but de nous ouvrir les yeux sur le passé et ouvrir la voie vers des changements bénéfiques dans le présent.

Les *drivers* à l'origine de notre scénario de vie

Les *drivers* sont les lignes de conduite induites par nos parents et notre éducation qui ont participé à l'élaboration de notre scénario de vie. En réaction à ceux-ci, nous adoptons un comportement inconscient. Cela peut devenir handicapant lorsque ces comportements sont inadéquats et qu'ils entravent notre évolution. Le psychologue clinicien Taibi Kahler (né en 1943) en a identifié cinq.

- **Sois parfait** : ce type de comportement est établi lorsque l'excellence a été exigée tout au long de l'enfance, que l'échec n'a pas été toléré et que l'effort n'a pas été souligné (« C'est pas mal mais tu aurais pu faire mieux »). Cela provoquera chez l'adulte une réaction de perfectionnisme obsessionnel. Si vous êtes dans ce cas, vous êtes stressé, intransigeant vis-à-vis de vous-même et des autres ; vous êtes un éternel insatisfait. Le risque que vous encourez est de croire que si vous n'êtes pas « parfait », vous ne serez ni accepté dans la société ni apprécié et aimé des autres.

- **Sois fort** : ce *driver* reflète une éducation stricte où les émotions et les sentiments n'ont pas leur place (« On ne pleure pas en public »). L'individualité est par conséquent privilégiée. Se confier est considéré comme de la faiblesse. L'adulte qui présente ce type de comportement est discipliné, d'apparence froide face aux émotions.
- **Dépêche-toi** : depuis l'enfance, nous devons nous dépêcher pour aller à l'école, pour prendre notre bain, pour manger, etc. (« Vite, Papa va être en retard ») Quand ce *driver* est dominant, nous courrons sans cesse, notre agenda est plein à craquer et, inconsciemment, nous recherchons le stress du temps qui file pour être performant.
- **Fais plaisir** : cela concerne l'enfant qui a déduit que pour être reconnu et aimé, il fallait faire plaisir à l'adulte (« Termine ton assiette pour faire plaisir à maman »). Il deviendra plus tard une personne qui privilégie le plaisir de l'autre en laissant le sien de côté, car il ne se sent exister qu'en aidant l'autre. Ses besoins passent au second plan et le « non » deviendra difficile à prononcer.
- **Fais des efforts** : ici, le message reçu par l'enfant est que ce qui compte, c'est de faire des efforts, mais pas vraiment d'obtenir un résultat (« Il faut travailler dur pour mériter son salaire »). L'effort est constant, même l'atteinte de l'objectif ne suffit plus. La vie est une lutte permanente.

Une fois encore, gardez à l'esprit que ces outils et méthodes d'analyse sont schématisés. Chaque personne est unique et peut être guidée par plusieurs *drivers* avec des dominances selon les domaines de la vie envisagés. Cette liste de *drivers* n'est là que pour nous permettre de mieux nous connaître nous-même et de mieux comprendre l'autre. Il permet de laisser le jugement de côté et de devenir plus tolérant envers nous-même et ceux qui nous entourent.

Maintenant que vous avez une vision plus claire de ces *drivers* qui font partie de nos scénarios de vie, placez-vous en tant qu'observateur objectif. Prenez le temps de réfléchir à vos manies, à vos obsessions, à votre attitude envers vos relations professionnelles, au type d'éducation que vous donnez à vos enfants, etc. Reconnaissez-vous votre *driver* dominant ?

Une fois le *driver* dominant repéré, essayez de voir ce que vous pouvez mettre en place pour revenir à un équilibre. Par exemple, si vous n'arrivez pas à dire non à vos enfants ou à votre patron, demandez-vous si c'est justifié ou si ce comportement est lié à l'éducation que vous avez reçue. Si vous êtes sans arrêt dans le rush, que le calme vous angoisse, pensez-vous que cela puisse venir de votre éducation, d'un schéma répété ? Aujourd'hui ce type de comportements est-il encore adéquat ?

Afin de bousculer vos habitudes et d'augmenter votre bien-être, transformez votre *driver* dominant en une permission que vous vous accordez. Essayez de la garder en tête et de la mettre en évidence au quotidien.

Drivers	Permissions
Fais plaisir	Fais-toi plaisir
Fais des efforts	Fais-le
Sois parfait	Sois comme tu es
Sois fort	Sois ouvert et exprime tes besoins
Dépêche-toi	Prends ton temps

Attention, le principe n'est jamais d'éradiquer complètement un comportement, mais de garder et de mettre en avant ce qu'il peut apporter de positif face à certaines situations et de modifier le reste. Voici quelques exemples des qualités de nos défauts en termes de drivers :

- le « Sois parfait » est un travailleur de qualité ;
- le « Sois fort » résiste bien aux situations de stress et à la pression, il sait gérer les crises ;
- le « Dépêche-toi » est très réactif et peut tenir des délais très courts ;
- le « Fais plaisir » est d'agréable compagnie et empathique ;
- le « Fais des efforts » est patient et persévérant.

Les positions de vie

En analyse transactionnelle, les *drivers* sont directement liés à notre scénario et aux positions de vie. Eric Berne a émis l'hypothèse que nous avons tous une idée du monde qui nous entoure qui s'est construite en lien avec notre environnement durant l'enfance. Enfant, nous aurions déjà des certitudes sur nous-même et le monde, certitudes que nous conservons tout au long de notre vie. Tout reposerait sur quatre positions de base :

- je suis OK ;
- je ne suis pas OK ;
- vous êtes OK ;
- vous n'êtes pas OK.

Si nous combinons ces certitudes, nous obtenons quatre affirmations, quatre positions de vie :

- **je suis OK, vous êtes OK (+/+)**. Il s'agit là d'une façon de voir le monde de manière très positive même lorsque les difficultés apparaissent. Les personnes qui suivent cette position de vie sont bien dans leur peau et trouvent toujours des solutions (« Je n'ai pas eu ce boulot, c'est qu'une meilleure opportunité m'attend ailleurs. »). Elles sont en adéquation avec elles-mêmes et ce qui les entoure.
- **je ne suis pas OK, vous êtes OK (-/+)**. Il s'agit ici de personnes qui se positionnent en victimes, qui se sentent inadaptées. Elles cherchent la reconnaissance à tout prix et peuvent pour y parvenir se laisser humilier. C'est typique des gens qui s'excusent avant même de parler (« Pardon mon amour, c'est de ma faute si tu t'es énervé sur moi comme ça. Je suis insupportable et je mérite tes insultes. »).
- **je suis OK, vous n'êtes pas OK (+/-)**. Il s'agit ici de personnes qui ont une haute estime d'elles-mêmes qui n'est pas toujours justifiée (« J'ai toujours raison et les autres

ont tort. Je ne suis pas responsable de mes problèmes, ce sont les autres ou les circonstances extérieures qui en sont la cause. D'ailleurs, je n'ai pas de problème. »). Ce sont généralement des persécuteurs et/ou des dominateurs.

- **je ne suis pas OK, vous n'êtes pas OK (-/-)**. Il s'agit de personnes qui sont souvent désespérées. Elles ont une vision très pessimiste de la vie. Plus la personne avance, plus elle a l'impression de s'enfoncer. Elle est incapable de demander de l'aide. Elle a baissé les bras et n'exprime plus ses besoins (« J'abandonne, le monde est trop dur. »).

Attention, il ne faut à nouveau pas généraliser ces concepts. Chaque personne est en mouvement continuel. Même si nous avons écrit notre scénario de vie à partir de l'une de ces positions, nous ne restons pas constamment dans celle-ci. Ce n'est pas parce que nous sommes dans une certaine position à un moment X que nous allons y rester. Les facteurs temps et circonstance ont leur importance. Selon Berne, nous naissons tous dans la position (+/+).

Si certains trouvent cela très simpliste, il peut cependant s'avérer être un puissant repère lorsqu'il nous fait ouvrir les yeux sur notre position ou sur celle de l'un de nos proches à un moment donné. Plus qu'une opinion, ces positions existentielles évoquent la valeur profonde que l'on se donne et que l'on donne à l'autre.

Dans votre vie d'adulte, vous changez de position de vie sans arrêt avec une dominance qui décrit la manière dont vous avez construit votre scénario de vie. Franklin Ernst, un psychiatre américain, a élaboré une méthode d'analyse des changements de position, qu'il a appelée l'enclos OK. Aidez-vous de l'exemple ci-dessous pour tracer votre propre enclos.

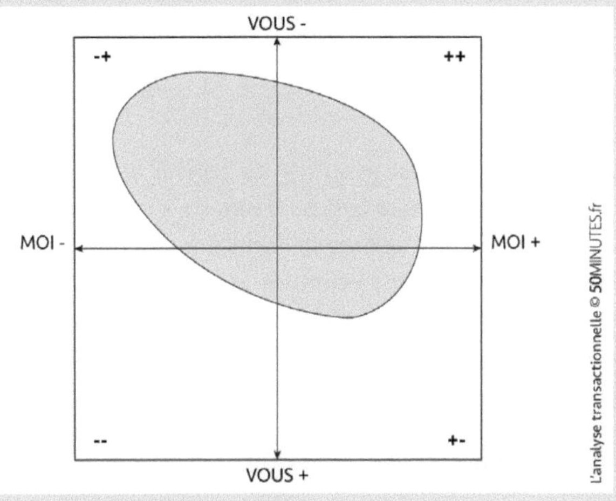

Tracez vos axes et dessinez une forme ronde sur les axes qui représente le temps que vous passez dans chaque quadrant pendant une journée ordinaire. Vous pouvez ensuite vous poser les questions suivantes :

- Qu'est-ce qui vous fait entrer dans chaque quadrant ?

- Comment vous comportez-vous dans chacun d'eux (gestes, sentiments, émotions, etc.) ?
- Quel état du moi ressort dans chaque quadrant et lequel suscitez-vous chez les autres ?

Après avoir observé votre schéma, voulez-vous changer quelque chose ? Comment allez-vous vous y prendre ? Le but est de vous pousser à passer le plus de temps possible en +/+ pour développer de nouveaux modes de fonctionnement positifs.

L'AUTONOMIE

Pour Eric Berne, il est essentiel de devenir autonome dans le travail d'épanouissement personnel. L'autonomie est son idéal. Selon lui, il s'agit de la faculté à parcourir la vie en faisant des choix clairs et en les assumant ; la faculté qui permet d'avoir conscience de ses propres besoins et de les satisfaire. Être autonome signifie donc ne pas être soumis à ces aspects négatifs et répétitifs dictés par un scénario de vie écrit dans l'enfance. Pour ce faire, le psychiatre propose de partir à la reconquête de trois de nos compétences :

- **avoir la conscience claire**. Il s'agit d'être en contact avec la réalité et l'ici et maintenant, d'avoir la capacité d'utiliser ses cinq sens sans filtre ni interprétation, de faire taire son esprit pour vivre pleinement les sensations ;
- **être spontané**. Il s'agit d'utiliser ses trois états du moi (Parent, Adulte, Enfant) avec fluidité et en cohérence par rapport aux différentes situations qui se présentent, et

non se soumettre à des commandements dépassés ;
* **être capable d'intimité**. Il s'agit d'être capable d'entrer en intimité avec quelqu'un (structuration du temps), de partager ses sentiments et ses besoins de façon authentique.

L'autonomie est donc la solution pour se libérer de son scénario de vie. Il s'agit de réagir à la réalité ici et maintenant et non pas à des croyances et à des commandements dépassés.

FAQ

QUELLE EST LA PARTICULARITÉ DE L'AT PAR RAPPORT AUX AUTRES ANALYSES ?

L'AT est un levier d'amélioration et de changement dans tous les domaines où le succès dépend en majeure partie de la qualité des relations humaines. Elle analyse la personne en fonction de ses rapports aux autres. Ses concepts généraux sont accessibles à tous et faciles à comprendre sans avoir de connaissances préalables en psychologie.

À QUI S'ADRESSE CETTE THÉRAPIE OU AUTO-THÉRAPIE ?

Il ne faut pas nécessairement être « malade » ou avoir de gros soucis pour démarrer une thérapie et en tirer profit. L'objectif de l'AT est de pouvoir profiter de la vie au maximum en ayant 100 % de nos capacités/ressources.

Elle s'adresse donc à tout le monde, d'autant plus que nous sommes tous plus en moins guidés par notre scénario de vie. Même si cela ne nous pose pas de réels soucis à l'instant présent, il est toujours intéressant de s'en rendre compte et d'évaluer d'autres options pour vivre notre vie au mieux, en pleine conscience.

QUELS SONT LES CHAMPS D'APPLICATION DE L'AT ?

Il existe quatre champs de spécialisation en AT avec, pour chacun, une formation différente. Elle est surtout utilisée en psychothérapie, mais également dans les domaines de l'éducation (par exemple : comment mieux gérer les relations éducateur-élève), du conseil/guidance (domaine social, bénévolat, prévention ; par exemple : relations médecin-patient) ou de l'organisation (au sein d'une structure : entreprise, associations, concerne la personne ou l'entreprise).

COMMENT SE FORMER À L'AT ?

La formation répond à des standards stricts qui sont définis par l'EATA (l'Association européenne d'AT) et l'ITAA (l'Association internationale d'AT). Ces organismes permettent de fixer un cadre qui garantit la rigueur et l'éthique indispensable à la transmission du savoir. La première étape de la formation consiste à participer à un séminaire qui présente les concepts de base et l'histoire de l'AT.

Ensuite, la formation plus approfondie est donnée par des enseignants superviseurs dont la qualification est garantie par les mêmes organismes. La formation complète avec certification peut prendre de 4 à 6 ans suivant le nombre d'heures de pratique et de supervision que l'élève aura accomplies.

ÊTRE AUTONOME SIGNIFIE-T-IL ÊTRE CONSTAMMENT DANS L'ADULTE ?

Non. Une personne spontanée peut choisir de réagir à l'ici et maintenant en passant également par le Parent ou l'Enfant. Lorsque nous sommes autonomes, nous effectuons ce choix librement dans une situation précise, tandis que, lorsque nous sommes coincés dans notre scénario de vie, nous changeons d'état du moi par rapport aux croyances liées à notre scénario. L'autonomie implique de traiter toutes les informations reçues au moyen de l'Adulte dans la mesure où l'Adulte nous permet de choisir l'état du moi qui correspond le mieux à la situation.

CONCRÈTEMENT, EN QUOI L'AUTONOMIE PEUT-ELLE NOUS AIDER AU QUOTIDIEN ?

La résolution de vos problèmes ne va pas se faire seulement grâce à la réflexion. Il faut également agir et réagir pour mettre en œuvre des solutions et devenir réellement autonome. Après la prise de conscience du problème et de sa provenance, une réaction s'impose. C'est un changement à opérer que vous seul pouvez décider. L'autonomie intervient lorsque cette réaction est mise en place et s'intègre à un nouveau système de fonctionnement en adéquation avec votre réalité actuelle.

QU'EST-CE QU'UNE MÉCONNAISSANCE ?

Une méconnaissance implique une réduction totale ou partielle de la réalité et de certaines informations utiles à la résolution d'un problème. Elle protège notre scénario de vie de toute remise en question et nous empêche de voir les possibilités qui s'offrent à nous.

COMMENT FONCTIONNE UN JEU PSYCHOLOGIQUE ?

Les jeux psychologiques ne sont pas toujours faciles à repérer. Nous pouvons néanmoins en identifier certaines caractéristiques.

Ils sont répétitifs et inconscients. Ils impliquent des transactions cachées et comportent toujours un moment de surprise (situation qui prend une tournure inattendue) et des sentiments parasites (opposés à l'authentique). Par exemple, certaines personnes se lancent dans des relations amoureuses qui terminent toujours mal, pour les mêmes raisons, sans qu'ils s'en rendent compte. Tant qu'ils n'ont pas pris conscience de répéter un schéma scénaristique, ils ne comprendront pas pourquoi cela leur arrive et ne pourront dès lors pas mettre en place les éléments qui pourraient leur permettre de s'en sortir.

Berne décrit les jeux psychologiques comme « une série de transactions cachées, complémentaires progressant vers un résultat défini et prévisible ». Ils proviennent de notre enfance et des solutions que nous avons trouvées pour entretenir nos relations avec les adultes (soif de reconnaissance). La manière dont nous fonctionnions enfant pour obtenir ce dont nous avions besoin a donc des répercussions sur nos rapports actuels avec l'autre. Inconsciemment, nous reproduisons ce qui a fonctionné dans le passé, mais dans un autre temps et avec d'autres personnes… Cela n'aura certainement pas les mêmes répercussions.

PEUT-ON ÉCHAPPER TOTALEMENT À SON SCÉNARIO DE VIE ?

Lorsque nous arrivons à modifier des éléments de notre scénario de vie, nous ressentons une certaine excitation qui dure un petit temps avant de s'amenuiser et de revenir à l'ancien comportement et donc à ses vieilles habitudes et croyances. Il n'est pas si simple de réécrire son histoire. La tentation de retourner vérifier si nous n'avons pas laissé quelque chose derrière est très forte. La différence, quand le premier pas est franchi, est que nous avons conscience du chemin sur lequel nous nous trouvons : l'ancien ou le nouveau scénario. L'ancien comportement n'est donc plus aussi satisfaisant et la conscience des autres options nous aide à en sortir plus rapidement. Avec le temps, l'ancien scénario de vie ne comportera plus d'intérêt et sera abandonné au profit d'une nouvelle option à long terme.

Votre avis nous intéresse !
Laissez un commentaire sur le site de votre librairie en ligne
et partagez vos coups de cœur sur les réseaux sociaux !

POUR ALLER PLUS LOIN

SOURCES BIBLIOGRAPHIQUES

- BERNE (Eric), *Des jeux et des hommes*, Paris, Stock, 1984.
- CANNIO (Sylviane) et LAUNER (Viviane), *Cas de coaching commentés*, Paris, Éditions d'Organisation, 2014.
- KAHLER (Taibi), « Drivers, The Key to the Process Script », in *Transactional Analysis Journal*, juillet 1975.
- STEWART (Ian) et JOINES (Vann), *Manuel d'analyse transactionnelle*, Paris, InterÉditions, 2005.

SOURCES COMPLÉMENTAIRES

- BERNE (Eric), *Que dites-vous après avoir dit bonjour ?*, Paris, Éditions TCHOU, 2012.
- CLOSON (Jean), *Maladresses parentales, s'en sortir et ne pas reproduire*, Belgique, ITEP Éditions, 2012.
- HOSTIE (Raymond), *Analyse transactionnelle : l'âge adulte*, Paris, InterÉditions, 1987.
- JONGHE (Pierre-Jean De), *De quelle vie voulez-vous être le héros ? Tirer profit du passé pour réorganiser sa vie*, Paris, InterÉditions, 2004.

www.50minutes.fr

Éditeur responsable : Lemaitre Publishing
Avenue de la Couronne 382 | BE-1050 Bruxelles
info@lemaitre-editions.com

ISBN ebook : 978-2-8062-6723-8
ISBN papier : 978-2-8062-6724-5
Dépôt légal : D/2017/12603/292
Photo de couverture : © Élise Vanhecke

Conception numérique : Primento,
le partenaire numérique des éditeurs.